CATALOGUE

D'UNE Collection d'Estampes de choix, d'après les grands Peintres Italiens, Flamands & François, tant en feuilles qu'en volumes, ainsi que de divers Dessins coloriés & autres, en feuilles & montés, avec des filets d'or à l'entour.

DU CABINET DE M.***

Par F. BASAN.

Dont la vente commencera le Mardi 27 Mars 1770 & jours suivans, rue Dauphine, à l'Hôtel d'Espagne.

Le Catalogue se distribue chez BASAN, rue du Foin.

M. DCC. LXX.

AVIS.

LEs Curieux qui desireront examiner les articles contenus au présent Catalogue, les pourront voir chez le sieur Basan, les trois jours qui en précéderont la vente.

CATALOGUE

D'Eſtampes & Deſſins de différens Grands Maîtres Italiens, Flamands, Anglois & François, dont la vente commencera le 27 Mars 1770 de relevée & jours ſuivans.

Premiere Vacation du Mardi 27 *Mars* 1770.

1 QUatre Deſſins, dont un d'après Rubens, dont le Tableau eſt dans la Galerie Royale de Dreſde, repréſentant Suſanne & les Vieillards.

2 Six petits Sujets divers & vaſes par Larue.

3 Deux petits Payſages ſur papier bleu, par Ditch.

4 Trois *idem* par Mayer, éleve de Louterburg, dont les Fabriquesſont agréables.

5 Quatre autres *idem* au biſtre & à la pierre noire.

6 Quatre autres petits Payſages coloriés, par Dunker.

---

7 Quatre eſtampes ſujets de Vierges d'après Raphael & autres, dont celle au beguin par Poilly, & celle gravée par Frey d'après Edelinck, &c.

8 Treize petits Sujets à l'eau forte, par le Baroche, Guide & autres.

9 Suzanne & les Vieillards, gravée à l'eau forte, par Ann. Carrache, premiere épreuve avant la lettre, & le Saint-Jérôme par son frere Augustin.

10 Trois Piéces par Worsterman, dont un Sujet de Vierge d'après M. Ange de Caravage, une Sainte Famille & Saint-George d'après Raphael.

11 Cinq par le Carrache & autres, dont la Chair de S. Pierre, par Spier, Enée sauvant son pere, &c.

12 Sept par Poilly & Boulanger, dont la fuite en Egypte du Guide, &c.

13 L'Aumône du Carrache, gravée à l'eau forte, par C. Maratte; la même composition en grand, gravée par Camerata pour le Vol. de Dresde, & la Descente de Croix d'après D. de Volterre, gravée à l'eau forte.

14 Douze Sujets divers d'après le Carrache & autres, dont la grande Bataille de Constantin par Scalberge.

15 Douze autres Piéces d'après Carravage, &c. dont les Tableaux sont à Dresde.

16 Douze autres *idem*, dont la Vierge à la rose, d'après le Parmezan, &c.

17 Huit Piéces du Vol. de la Gal. R. de Dresde d'après le Titien l'Espagnolet, &c.

18 S. Jérôme par Beauvais, & Angélique & Médor par Radigues du même Vol.

19 Quatre autres *idem* d'après le Correge, J. Crespy, &c.

Ci contre .... 83. 7.
9 Basan .... 14. 17.
10 Vallois .... 9. 1.
11 Boze .... 9. 19.
12 Mr .... 6. 11.
13 Basan .... 12. 4.
14 avec le N° 35 ....
15 Choiseul .... 4.
16 Mr .... 7.
17 Mr .... 6.
18 Basan .... 4. 2.
19 Mr .... 7.
164. 1.

	De l'autre	164	1
20	Volé	7	2
21	Tremont	8	1
22	alibert	7	12
23	Basan	7	
24	Mr	12	12
25	Mr	6	1
26	Mr	7	19
27	Basan	8	19
28	id	7	4
29	alibert	5	
30	Basan	8	19
31	id	13	19
32	id	5	15
		270	4

20 Cinq grandes Piéces, dont une Thèse de Cyro Fer, & une autre par Roullet, &c.

21 Deux Piéces d'après Jordans par Beauvarlet, & trois autres par Daullé.

22 Le grand Portement de Croix d'après van-Dick, par Voet.

23 Six Sujets divers d'après Rubens & autres, dont le Maître de Musique par Bolsvert.

24 L'Effet du Feu par Boëce d'après Rubens, premiere épreuve.

25 Le Sacrifice de Monoach d'aprés Rembrandt, par Houbraken, & la Danse des Enfans par Tanjé, du Vol. de Dresde.

26 Treize Sujets divers par Rembrandt, &c. dont l'Annonce aux Bergers, &c.

27 L'Age d'Or, par N. de Brüyn, d'après Bloemaert.

28 Apollon & Midas, grande Piéce, par Goltius.

29 Seize Piéces diverses par Goltius, Muller & autres.

30 Quatre Sujets de la Fable, par Matham & autres, dont le Triomphe de Neptune, le Jugement de Pâris, &c.

31 Le Calice, & la Cathédrale d'Anvers, premiere épreuve, par Hollar.

32 Sept petits Sujets dans la maniere de Rembrandt, par Schmidt, & quatre autres Piéces en maniere noire, par Preisler.

33 Huit Piéces diverses, par Spranger, Sadeler & autres, anciennes épreuves.

34 Trente autres, par Bloemaert, Saenredam, &c.

35 Vingt-quatre Sujets & Paysages divers, par Sadeler, d'après le Bassan, &c.

36 Deux estampes gravées à Londres, dont la Prédication de S. Jean, d'après S. Rose, & Alexandre visitant le Tombeau d'Achille, d'après Ph. Lauri.

37 Huit Portraits & Sujets en maniere noire, par Smith & Houston, des premieres épreuves, dont la Plumeuse de poule, & Pendans, &c.

38 Huit Portraits de Femmes, par M. Ardell, d'après Reynolds, &c.

39 Une Bachanale, d'après le Poussin, par Tassaert, épreuve avant la lettre, & la même Estampe avec la lettre.

40 Les Batailles d'Alexandre en six piéces, par J. Audran.

41 Douze Sujets divers, d'après Lancret, Pierre, &c. dont les quatre Ages par Larmessin, &c.

42 Dix Piéces d'après différens Maîtres François, dont la Maladie d'Alexandre, la mort de Germanicus, &c.

43 Dix Sujets divers, d'après Watteau & autres, dont l'Accordée de Village, l'Embarquement pour Cithere, &c.

44 Six Piéces, par Wille & Daullé, dont

D'autre part . . . . 392.

45 Mr. . . . . 11. 12.
46 Mr. Pioger . . . . 5. 1.
47 Basan . . . . 19.
48 Mr. . . . . 23. 19.
49 Volé . . . . 4.
50 Malenfant . . . . 10.
51 Volé . . . . 6.
52 id. . . . . 8.
53 id. . . . . 6. 12.
54 Lalvié . . . . 84. 1.
55 Baron . . . . 3.
56 id. 5. 19
57 de Mailly . . . . 30.

609. 4.

la Ménagere Holl. le Joueur d'Instrument, &c.

45 Les Enfans de France, par Beauvarlet, & une Piéce par le Bas.

46 Quinze Piéces diverses, d'après Wouvermans & autres.

47 Sept Marines, d'après Vernet, par Aliamet, Leveau, &c. premieres épreuves avant la lettre.

48 Les Epitalames en douze piéces, par B. Picart.

49 L'Anatomie de la tête & de la femme, en couleur, par Gautier.

50 Neuf Portraits étrangers, par Houbraken, Vermeulen, &c.

51 Neuf Portraits, par Houbraken, dont la Famille du Statouder, différens Sçavans Hollandois, &c.

52 Trente-un Portraits divers, d'après Van-Dyck & autres, par worsterman, &c.

53 Louis-Quatorze & Louis-Quinze en pieds, par Drevet, d'après Rigaud.

54 Le Roi de Pologne *idem*, par Balechou.

55 Dix Portraits, d'après Rigaud, Largilliere & autres, par Edelinck, &c. dont la Reine de Suéde, &c.

56 Vingt-sept autres, par Bloteling, Nanteuil & autres, belles épreuves.

57 Messieurs de Boulogne & Bertin, gravés

par wille, premieres épreuves, avant la lettre.

58 Le Portrait de Jérôme Van-Erlach, Ministre de la République de Basle, gravé par le même.

---

59 Soixante-douze Cahiers de Papier blanc, contenant toutes sortes d'Estampes de différens Maîtres, lesquels seront distribués dans chaque Vacation, ainsi que le numéro suivant.

60 Un gros Porte-feuille, contenant divers Dessins & Estampes, qui seront partagés en plusieurs lots dans chaque Vacation.

Deuxième Vacation du Mercredi 28 Mars 1770.

61 Trois Dessins, de Ruines, & Paysages, par Bril & Breemberg.

62 Le Baptême de N. S. & la chûte des Anges finement dessinés à la plume & à l'encre de la Chine, par R. de la Fage.

63 La Vue d'un Village, & Canal de Hollande, avec beaucoup de figures, Paysage & Batteaux, Dessin colorié, par Breughels.

64 Trois Animaux dessinés, par Oudry, sur papier bleu.

65

Ci contre 609.4

58 Boson 4.2

59 En 30 art 147.19

60 En 65 art 702-18

61 Mr 9.1

62 Volé .... 26.

63 Mr .... 6.

64 Basan 5.5

1508.19

	[illegible]	1508	9
65	Jombert	6	.
66	Basan	6	7
67	Volé	9	3
68	Roger	9	.
69	Lebrun	6	19
70	Basan	9	19
71	Boré	9	10
72	Basan	12	19
73	Boré	17	1
74	Roger	5	.
75	Basan	3	6
76	Boré	10	.
77	Aubert	3	19
		1617	12

65 Un Paysage, d'une jolie Fabrique, par Boucher, & une Tête de jeune fille, par Greuze, en contre-épreuve.

66 Deux jolies Compositions, avec beaucoup d'Enfans, par la Rue.

67 Deux Desseins d'Architecture à la plume & à l'encre de la Chine, par Challes.

---

68 Douze Estampes, par M. Antoine & autres, dont les trois Graces, &c.

69 Quatorze Piéces, d'après M. Ange, dont les six Angles, par G. Mantuan.

70 Vingt Sujets à l'eau forte, composés & gravés par le Guide, Carle, Maratte & autres.

71 Vingt-cinq autres Piéces à l'eau forte, d'après Benedette, &c.

72 Vingt Piéces, par Bonasone, & autres différens Maîtres Italiens.

73 Quatre grandes Compositions, de P. de Cortone, par Aquila, dont le Triomphe de Bacchus, l'enlévement des Sabines, &c.

74 Dix-huit Compositions différentes de Vierges, d'après le Guerchin & autres, par divers Graveurs.

75 Vingt Piéces, d'après l'Albane & autres.

76 Seize grands Sujets, par P. Teste & autres.

77 Sainte Cécile, d'après le Dominiquain,

grande piéce gravé een couleurs, par le Blond, à Londres.

78 Cinq Estampes du Vol. de Dresde, d'après le Guerchin, L. Jordano, par Lempereur, Beauvarlet, &c.

79 La Madeleine, du Correge, par Daullé.

80 Trois Piéces du même Vol. par Flipart, Jardinier & Tangé, épreuves sans lettres.

81 Six Estampes, d'après Rubens, dont les Peres de l'Église, par Suyers, S. François Stygmatisé, par Vorsterman, &c.

82 Le Quos Ego & les deux Fils, de Rubens, par Daullé.

83 Dix Piéces, d'après Rubens & van-Dick, par divers Graveurs.

84 Douze Piéces, d'après différens Tableaux de Dresde, gravées par Moitte, Basan & autres.

85 Onze Sujets & Portraits, par Rembrandt, dont la Résurrection du Lazare, ceintrée, la petite Tombe, &c.

86 Huit Têtes & Sujets, gravés par Schmidt, à Berlin.

87 La Sainte Famille, d'après C. Maratte, & deux Portraits de femmes en maniere noire, par Smith, Anglois.

88 Deux petits Paysages, par van-Vden, d'après Rubens, & deux autres Marines & Paysages, par P. Nolpe, anciennes épreuves.

89 Dix petits Sujets, par Théodore de

Ci contre . . . . 1617. 12.

78 Boé . . . . 6. 1.

79 Basan . . . . 1. 6.

80 Alibert . . . . 6.

81 Piogér . . . . 19.

82 Evraud 10. 10

83 Volé . . . . 6.

84 M. . . . . 12.

85 Evraud . . . . 15.

86 M. . . . . 8.

87 Alibert 7. 19

88 Volé 8. 19

89 Piogér 17. 18

1750. 19

Ret Lahaie ... 1750. 19

90 Ducoroy ... 18.

91 Alibert ... 6. 17

92 Evaud ... 17. 1

93 Alibert ... 10. 5

94 Roger ... 6. 8

95 Basan ... 5. 10

96 Roy ... 6. 9

97 / 98 Gillet ... 4. 16

99 M. ... 15.

100 Volé ... 12. 1

101 id ... 15.

1868. 7

Brie, dont la Fontaine de Jouvence, le Triomphe de Bacchus, la Foire de Venise, bonnes épreuves.

90 Les huit Guerriers Romains, par Goltius, parfaites épreuves.

91 Huit Sujets, par Bloemaert & Goltius, dont le Festin des Dieux, &c.

92 Cinq autres, par Muller & Sadeler, dont l'Olympe, d'après K. de Mandere, Persée armé par Pallas, Hercule & Omphale, &c. anciennes épreuves.

93 Onze Piéces, par Visscher, d'après Berghem & Wouvermans.

94 Cinquante-deux petites Piéces de Figures & Animaux divers, par Berghem & R. de Hooge.

95 Quarante-huit Poissons, gravés & dessinés, par Al. Flamen.

96 Cinquante Sujets des Métamorphoses d'Ovide, par Goltius.

97 Cent quatre des mêmes Sujets, par Crespin de Pas.

98 Cent vingt petits Sujets de la Vie de de N. S. par Bolsvert, belles épreuves.

99 Soixante-cinq Sujets, composés & gravés par Bega, Dusart, Booth, &c.

100 Vingt petits Paysages & Vues de Londres, par Hollar.

101 Leandre & Hero, d'après Sandrart, par Persin, piéce rare & belle, la Galatée, de C. Maratte, par Audran,

avant la lettre, & Vénus endormie, par Daullé.

102 Un Repos en Egypte, d'après le Correge, & une Sainte Famille en hauteur, d'après C. Maratte, gravés à Londres, en maniere noire, épreuves avant la lettre.

103 Un Enlévement, d'après Collett, par Clowes, & un autre sujet, par Green.

104 Trois Sujets Flamands, aussi en maniere noire, par Earlom & Grenwood, d'après Teniers & Hemskerk.

105 Huit Sujets, d'après Teniers, par le Bas, dont l'Enfant prodigue, &c.

106 Dix piéces, d'après le Brun, l'Histoire de Méléagre, & deux Sujets de la grande Gallerie de Versailles.

107 Le Pere Eternel, par Bloemaert, & la Rebecca, par Drevet, anciennes épreuves.

108 Huit Paysages, d'aprés Dietricy & Vernet, par Daullé & Delaunai.

109 Huit autres, d'après Pillement, &c.

110 Les Miseres de la Guerre en dix-huit piéces, par Callot.

111 L'Arc de Triomphe & la Pierre du Louvre, par le Clerc.

112 Trente-deux Feuilles d'Oiseaux & Fleurs de la Chine.

113 Dix Portraits de Prélats, d'après Rigaud & autres, dont Messieurs de Colbert, le Cardinal de Fleury, &c.

De l'autre part ... 1868.7

102 Valloir ... 15

103 Luault ... 10

104 Mr ... 7

105 Mr ... 18.1

106 Alibert ... 29.12

107 Basan ... 12.19

108 Mr ... 20

109 Mr ... 16.11

110 Joubert ... 9.1

111 Basan ... 11.19

112 Mr ... 19.4

113 Gille Colas ... 7

2024.14

De l'autre part ... 2024. 14.

114 Volé ... 6. 3

115 Mr ... 9.

116 Mr ... 6.

117 Basan ... 10. 15

118 id ... 24.

119 Mr ... 18.

120 Mr ... 24.

121 Tomeret ... 7. 7

122 Enault ... 6. 1

123 Alibert ... 7. 2

124 Malenfaut ... 23. 19.

2167. 1.

114 Douze *idem*, Guerriers, Artistes, &c.

115 Douze *idem*, de différens Artistes, d'après Rigaud, de Troyes, & autres.

116 Treize *idem*, d'après Vanloo & autres, dont Messieurs de Colbert, le Chancelier Séguier, M. de Louvois, &c.

117 Le Cardinal Tencin & M. Massé, gravés par Wille, épreuves avant la lettre.

118 Un vol. *in*-4°. relié en veau, contenant soixante-six feuilles des Portraits de la Vie des Peintres, d'Houbraken, & gravés par lui-même, belles épreuves.

119 Un autre vol. *in-fol.* contenant 106 Portraits, par Drevet, Edelinck & autres.

120 Un autre vol. *in-fol.* contenant cinquante-un Portraits, par Nanteuil, Masson & autres.

Troisieme Vacation du Jeudi 29 *Mars* 1770.

121 Dix-sept Dessins de différens Maîtres Italiens & autres.

122 Douze Figures Académiques & Etudes diverses, par Vouet & autres.

123 Un grand Dessin de composition, sujet d'Histoire, par la Rue.

124 Deux Dessins d'Architecture lavés, re-

présentans l'intérieur d'un Temple & un Pont Triomphal.

125 Quatre petits Paysages, lavés au bistre, dans la maniere de Louterburg.

126 Trois jolis Paysages d'après nature & coloriés, par un jeune Artiste.

127 Trois autres *idem*.

128 Deux petites Marines coloriées, par un Maître Hollandois.

129 Deux Sujets & Paysages coloriés, dans le goût de Wagner.

---

130 La Galatée, d'après Raphael, gravée par Goltius, belle épreuve.

131 La Nuit, du Correge, gravée par Surugue.

132 La Mort de S. François, d'après Vanius, gravée par Carrache, belle épreuve.

133 Trois piéces, par les Carrache, dont le sujet de la Rose & son pendant, & Antiope.

134 Dix Sujets divers, par Pasqualini, d'après le Guerchin, avec épreuves.

135 Dix-huit petites piéces à l'eau forte, par le Guide, Sirani, Palme, &c.

136 Treize Sujets divers à l'eau forte, dont plusieurs Bachanales d'Enfans, par And. Poresta, &c.

137 Treize autres, par Carpioni, Pasinelli, &c. dont la Prédication de Saint-Jean, &c.

Ci contre ... 2167. 1.
125 Volé ... 15. 1.
126 Malenfant ... 24.
127 id ... 19.
128 Bouchardet ... 30.
129 id ... 10. 7.
130 Boré ... 12. 19
131 id ... 14. 19
132 Basan ... 3. 19
133 id ... 13. 19
134 Roger ... 3. 13
135 Basan ... 5. 1.
136 Mr ... 6.
137 Alibert ... 3. 1.

2329

	De l'autre part	2329	
138	Alibert	4	15
139	Basan	3	
140	M^r	3	10
141	Pioger	9	11
142	Basan	19	
143	Mailli	15	
144	Ducovroy	48	
145	Langevin	4	18
146	Grault	9	16
147	Boré	6	10
148	Pioger	6	6
		2459	6

138 La grande Bataille des Vénitiens, & une grande Thèse, par Spier, dont le sujet est le Couronnement d'Hercule.

139 Sept pièces, par Bloëmaert, Villamene & Sadeler, dont la Vierge aux lunettes, S. François, les Gourmeurs, &c.

140 Vingt-deux Sujets divers, d'après le Carrache, S. Rose & autres.

141 Sept pièces, d'après Rubens, dont S. François aux pieds de la Vierge, par Visscher, la petite Vierge à la fontaine, celle au mouton, &c.

142 La grande Cêne, d'après le même, ancienne & belle épreuve, ajustée à filets d'or.

143 L'Assomption, par P. Pontius, où se lit au bas, *Assumpta est*, &c. sup. épreuve.

144 Le Roi-boit, d'après Jordans, par P. Pontius, sup. épreuve, ajusté à filets d'or.

145 Dix-sept pièces, par Rembrandt, dont les Vendeurs chassés du Temple, la Samaritaine, &c.

146 Cinq Sujets divers, d'après Rembrandt, par Schmidt, & le Cap. Baillie, dont la Fille de Jaïre ressuscitée, &c.

147 La Paix de Munster, & la Bachanale des Satyres & Tigres, par Suyderocf.

148 Sept pièces, par Bloëmaert & autres.

d'après P. de Cortone, Romanelle, &c.

149 Quarante-huit petits Sujets & Paysages, par Bloëmaert, anciennes épreuves.

150 Vingt-neuf piéces diverses; dont la Passion en douze morceaux, par N. de Brüyn.

151 Vingt Paysages & Sujets, par le Bas, Surugue, &c. d'après Teniers, & autres Maîtres Flamands.

152 Quatre-vingt-seize petits Sujets Flamands, d'après Teniers, Maas, & autres.

153 Trente autres *idem*, par le Bas, &c.

154 Trente Apôtres & Statues, par Kilian & Mellan.

155 Cent piéces, de Callot, dont la grande Passion, St. Mausuet, &c.

156 Quarante-cinq autres, dont le Massacre des Innocens, la Rue de Nancy, les sept Péchés Mortels, la Noblesse, &c.

157 Trois cens vingt petites piéces, par le Clerc, Médailles & autres Sujets.

158 Cent quarante-trois autres piéces, par le même, Sujets & Paysages.

159 Quatre-vingt-quatorze piéces, par le Clerc & Picart.

160 Le Massacre des Innocens, de B. Picart, premiere épreuve.

161 Quatre grandes piéces, d'après le Poussin & autres, dont le Calvaire, par Stella, &c.

162

	Ci contre	2459. 6
149	Basan	3. –
150	Renaud	6. –
151	Basan	3. 12
152	Alibert	4. 5
153	id	8. 1
154–155	Basan	4. –
156	id	4. 14
157	Volé	3. 3
158	id	7. –
159	Basan	3. 12
160	Lebrun	15. 1
161	Mr	6. –
		2527. 14

D'autre part . . . . 2527. 14.

162 Mailli . . . . . 12. .
163 id . . . . . 22. .
164 Bouchardet . . . . 14. 19.
165 Mr 10. 10
166 Bouchardet 16. 3
167 Mr . . . . . 12. .
168 Boson . . . . . 5. 4.
169 Mailli . . . . . 9. 19.
170 id . . . . . 6. .
171 id . . . . . 15. .
172 Boson . . . . . 4. 19.
173 de Mailly 7. 10

2663. 18.

162 La Vierge au Linge, par Edelinck; le Mariage de Sainte Catherine, par Poilly, & une autre piéce, de Coypel.

163 Galatée & Diane au bain, d'après Coypel, premieres épreuves avant la lettre, Bacchus & Ariadne, du même, & Herminie, d'après Pierre, par Fessard, en tout quatre piéces.

164 Huit piéces, d'après Boucher, dont les quatre Saisons, par Daullé, les Vues de Beauvais, par le Bas, &c.

165 Dix Sujets divers, d'après Coypel, Boucher & autres, dont le Triomphe de Vénus, par Daullé, &c.

166 Six Marines, d'après Vernet, par Allamet & Ouvrier.

167 Les quatre Heures du jour, d'après le même, par Gathelin.

168 Huit Portraits gravés, par Visscher & Suyderoef, d'après van-Dyck & autres.

169 Le Portrait de Bouma, par Visscher, premiere épreuve.

170 Louis Quatorze & Brisacier, par Masson, & le titre des Cérémonies Religieuses, par Picart.

171 Quatre Portraits, d'après Rigaud & Largillière, Mrs de Sinsendorf, Boileau, Keller, &c. sup. épreuves.

172 Neuf autres Guerriers & Artistes célebres, par Drevet, Chereau, &c.

173 L'Evêque de Metz, par Daullé, celui de Seez, par Balechou & M. Coffin.

174 Cinq Portraits, de Detroy, Larquilliere, &c. sçavoir, Foreft le Peintre, & Baron le Comédien, avant la lettre, Champagne & Léonard, par Edelinck.

175 Un vol. relié, contenant les Métamorphofes d'Ovide, en cent cinquante piéces, à l'eau forte, compofées & gravées par W. Baur.

176 Petits Sujets & Payfages à l'eau forte, par Fragonard & Verforter.

177 Un vol. *in*-4°. Nouvelle méthode pour apprendre à deffiner, en cent vingt planches, à Paris, chez Jombert 1740.

178 Un vol. relié, contenant foixante-dix-fept Sujets divers, par Bloemaert, Goltius & autres.

179 Un autre vol. relié, contenant cent trente Eftampes, dont la plus grande partie par Vouet.

Quatrieme Vacation du Vendredi 30 *Mars* 1770.

180 Huit Payfages, deffinés par le Guerchin & autres Maîtres.

181 Six Ruines & Payfages, par Bartholomé & autres.

182 Trois grandes Ruines, par Romyn & autres, au biftre & à l'encre de la Chine.

183 Deux Vues des Jardins d'Arcueil, par Oudry, fur papier bleu.

Ci contre 2663. 18

174 Bazan . . . . 5.

175 Langwin . . . . 17. 2.

176 Chouveret . . . . 30.

177 Bazan 8. 19

178 M^r . . . . 15.

179 M^r . . . . 21.

180 Mercinai 7. 5

181 Bazan . . . . 8.

182 id . . . . 23. 19.

183 M^r 7. 5

2807. 8.

Pt. l. Paul ... 2807. 8

184 Voté ... 7. 19

185 id ... 12. 19

186 Mercenay ... 9. .

187 Basan ... 6. .

188 Mr ... 12. .

189 Mr ... 21. .

190 Mr ... 13. 6

191 Mr ... 9. .

192 Basan ... 9. 19

193 Mr ... 9. 19

194 Mr ... 4. 16

195 Lebrc ... 6. 19

196 id ... 6. 15

197 Lebrun ... 18. .

3955 ..

184 Six Sujets de Compoſitions & d'Enfans par la Rue.

185 Quatre Sujets par le même, dont les Titans foudroyés, & ſon pendant, &c.

186 Trois petits Payſages avec Figures & Animaux, par Mayer.

187 Trois autres de moyenne grandeur, par le même.

188 Deux petits Sujets Flamands coloriés.

189 Deux Payſages avec Animaux & Figures, coloriés par un Maître Hollandois.

190 Deux Deſſins d'Architecture lavés & coloriés, ornés de figures.

191 Deux autres Sujets *idem.*

---

192 Quatorze piéces gravées à l'eau forte, par le Parmezan & autres.

193 L'Annonciation & le S. François, compoſés & gravés par le Barroche, très-belles épreuves.

194 Cinq Eaux fortes, dont la Transfiguration par Procaccini, le Triomphe de J. Céſar du Lenfranc, &c.

195 Dix piéces par Paſqualini, d'après le Guerchin.

196 Quinze d'après le Carrache, Seb. Conca, &c.

197 La Fuite en Egypte, de vingt-cinq compoſitions différentes, gravées par Tiepolo,

198 Douze sujets divers, d'après le Titien, Salviati & autres.

199 Une Femme sortant du Bain, par Rembrandt, & une Négresse, par Schmidt, d'après Flinck.

200 Quarante-quatre Sujets divers, par Rembrandt & autres.

201 Six piéces, d'après van-Dyck & Jordans, dont le Concert, &c.

202 Quatre piéces gravées à Londres par Vivarès & Miller, dont la Continence de Scipion, &c.

203 Les six Chefs-d'œuvres de Goltius, anciennes & belles épreuves.

204 Quatre piéces par Goltius & Saenredam, dont l'Annonce aux Bergers, Arion, &c.

205 Dix-sept Sujets divers, par Albert Dur & Bloemaert.

206 Deux grands Sujets par Muller, Persée armé, & Cérès & Bacchus en pied, anciennes & belles épreuves.

207 Notre Seigneur mis dans le tombeau, d'après Heintz, par Sadeler, & Saint-Etienne.

208 La Baleine trouvée sur les Côtes de la Hollande, gravée par Saenredam, & l'Enfant prodigue se divertissant, par J. de Gheyn.

209 Deux grandes pieces composées & gravées à l'eau forte, par B. Breemberg, Joseph en Egypte, & S. Laurent.

	Cy contre	3955.
198	Lebrun	6. 2.
199	Mr	6. 9.
200	Mercier	5. 16.
201	Langevin	9. 19.
202	Mr	13. 4.
203	Basan	40. 3.
204	Fabre	3. 19.
205	Langevin	7. 7.
206 / 207	Basan	34. 1.
208	Bourbonois	9.
209	Basan	7. 4.
		4098. 4.

	Report	2098 . 4
210	Vallois	9 . 19
211	Bouchardet	7 . 19
212	Langevin	6 . 18
213	Mericco	5 . -
214	Basan	3 . 12
215	id	6 . 2
216	id	5 . 19
217	Mr	15 . -
218	Blaizot	14 . 12
219	Mr	6 . 1
220	Volé	4 . 1
221	Mr	23 . -
222	Mr	6 . -
223	Volé	11 . 19
		2224 . 6

210 Une Mariée de Village, d'après Breughel, par Hollar, rare.

211 Quarante-quatre Animaux divers, d'après Potter.

212 Soixante-douze petits Sujets de Theodore de Brie, dont l'Age d'Or, le Bal Vénitien, &c.

213 Treize Estampes en maniere noire, par Smith & autres, dont le Tombeau de la Reine Marie, &c.

214 Trois Portraits de Femmes, par watson, Green, &c.

215 Un Guerrier, d'après le Giorgion, par Petter, avant la lettre, & une Dame accordant sa Guittarre, par Houston.

216 Une Bachanale, par Tassaert, d'après le Poussin, premiere épreuve.

217 La Quatrieme Fête Flamande, par le Bas, & celle gravée à Londres, par Major, d'après Teniers.

218 Onze Sujets d'après le même, par le Bas, Daullé & Major.

219 Vingt autres pieces d'après Greuze, Eisen le pere, &c.

220 Huit Estampes, d'après Wouvermans, Ostade, &c. par Visscher & autres.

221 Neuf pieces d'après Wouvermans & Vanfalens, par le Bas & Moyreau.

222 Quatre Sujets de Vierges, d'après le Brun & autres, par Poilly, &c.

223 Huit, d'après le Moine, Boucher, &c. par Cars, Cochin, &c.

224 Huit autres, d'après Boucher & autres, par Daullé, Aubert, &c.

225 Le silence de Greuze, par Jardinnier, premiere épreuve.

226 Six piéces d'après Vernet, par le Bas & autres.

227 La Tempête & le Calme, par Balechou, premiere épreuve avant l'adresse.

228 Neuf Estampes, d'après Vernet & la Croix, gravés par le Mire, Zingg & le Veau, dont trois avant la lettre.

229 Sept autres piéces, d'après le même, par Zingg & la Croix.

230 Dix-sept petites vignettes diverses, par B. Picart.

231 Vingt-une piéces diverses, par le Prince & l'Abbé de S. Non.

232 Douze Paysages, gravés par Veirotter, & d'après Pillement.

233 Dix-huit Portraits, d'après Rubens & autres, par Bloteling, Lyvins, &c.

234 Louis XV & son épouse défunte, par Wille & Tardieu.

235 Neuf Portraits, d'après Rigaud, Largilliere & autres, dont Md. Titon, &c.

236 Quatre grands Portraits, d'après Tocqué, Vanloo, &c. dont Louis XV, &c.

237 Un vol. *in*-4°. relié, contenant cent neuf animaux de l'Histoire naturelle, de Buffon.

238 Un vol. *oblong*. relié, contenant cent neuf piéces des Chasses de Stradam.

Ci contre ... 4224.^{lt} 6.

224 Evrard ... 10. 4.
225 Boré ... 13.
226 Volé ... 7. 6.
227 Basan ... 89.
228 Mr ... 15. 15.
229 Bouchardet ... 9. 14.
230 Roi ... 9. 15.
231 Gilbertolat ... 9. 2.
232 Le Brun ... 6. 17.
233 Bourbonnois ... 6. 10.
234 Mr ... 8. 5.
235 Mr ... 3. 15.
236 Boré ... 6. 19.
237 Basan ... 21.
238 Blaizot ... 12. 4.

4453. 12.

Del Paolo 4453. 12

239 Le Brun ...... 7.

240 Volé ...... 12. 1.

241
242 Lebrun 7. 15

243
244 id ...... 9. 1.

245 Bazan ...... 7.

246 Mr ...... 7.

247 Mr 4. 1

248 Mr ...... 6.

249 Mercier ...... 6. 12.

250 Volé ...... 9. 10.

4529. 12.

239 La Gallerie Farnese, d'après le Carrache, par le Blond, relié en veau.

240 Un volume relié en veau, contenant vingt-sept Sujets & Paysages divers, par N... de Bruyn & autres.

Cinquieme Vacation du Samedi 31 Mars 1770.

241 Quatre Dessins de L. Cangiage, Trevisani, Lairesse, &c.

242 Quatre autres, dont une fuite en Egypte, par C. Maratte, une Assomption, par D. Calvari.

243 Cinq Sujets divers, par Dusart, Ostade & autres.

244 Cinq Paysages avec figures & animaux, par Berghem & autres.

245 Deux Pots de fleurs à l'encre de la Chine, par van-Huysum.

246 Neuf Sujets, Paysages & Ruines, par Breemberg & autres.

247 Deux Paysages avec figures & animaux coloriés, par Westraet.

248 Un Dessin d'animaux au lavis, par Carré.

249 Six Sujets divers, par Bouchardon, Natoire & autres.

250 Ganimede enlevé par l'Aigle de Jupiter, d'après le Sueur, dessiné avec soin, par B. Picart.

251 Sept Etudes divers, par le Sueur; Vouet & autres.

252 La Résurrection & la Pentecôte; dessinés à la plume & au bistre, par la Rue.

253 Deux autres sujets Romains, par le même.

254 Quatre petites Marines & Paysages coloriés, par un Maître Hollandois.

255 Quatre Dessins, par Desfriches & autres.

---

256 Six Estampes à l'eau-forte, par Procaccini, Farinati, &c.

257 Dix autres, par le Carrache, Coriolan, Aquilla, Passinelli, &c. dont la Susanne, &c.

258 Deux pièces, d'après le Barroche, la descente de Croix & la Barque de Saint Pierre.

259 Trois grandes compositions, d'après Cirofer, dont le frappement du Rocher, les filles de Jethro, &c.

260 Quinze pièces de platfonds, d'après C. de Cortone & Dominiquain.

261 Deux grands Paysages, d'après C. Lorain, gravés à Londres, par Byrne & Peake.

262 Saint Jean prêchant dans le désert, par Brourne, & le départ de Jacob, par Major.

263 Douze pièces diverses de la Gallerie de

Ci contre ... 4529. 12.

251 ... "

252 Basan ... 5.

253 Volé ... 5. 1.

254 Mr ... 30. 3.

255 Mr ... 9.

256 Basan ... 3.

257 id. Mr. Aesivé ... "

258 Boré ... 9. "

259 id ... 9.

260 Basan et lott. 264. ... 12. "

261 id ... 6.

262 id ... 8. 19.

263 a libert ... 4.

4630. 15.

Del'autre 4630.15

264 avec 260 ......

265 Alibert 6.1

266 Volet 10.15

267 Bourbonnois 8.3

268 Tomeret 7.-

269 Mr 18.19

270 Charmes 12.2

271 Mr 4.10

272 Mr 5.-

273 Basan 13.5

274 Volé 11.-

275 Mercmay 6.19

4734.9

de Drefde & autres.

264 Six autres pièces du même volume ; par Fockema, &c.

265 Dix grandes vues de Drefde, à l'eau forte ; par Cannaletto.

266 Six pièces, d'après Rubens, fujets de la Fable, dont le Jugement de Pâris, &c.

267 Efther devant Affuerus, d'après Rubens ; Saint Nicolas, d'après C. Schut, & les Satyres jouant avec des Leopards, par Suideroef.

268 Douze pièces diverfes, d'après des Tableaux de Drefde, par differens Graveurs.

269 Tarquin & Lucrece, par Tanjé ; & le Berghem, d'Aliamet, pour le volume de Drefde.

270 La tête de Mort avec fes attributs, par Saenredam, & deux autres pièces, par Muller & Goltius.

271 Huit Sujets divers, par Goltius & autres, dont Appollon & Midas, &c.

272 Douze grands Sujets, par N. de Bruyn & autres.

273 Les douze mois de l'année, en fix feuilles, d'après P. Bril, par Sadeler.

274 La Magdeleine dans le défert, & douze Sujets de Papillons, par Hollar, anciennes épreuves.

275 Un Sujet, d'après Rembrandt, par Honbraken, du volume de Drefde ; &

un Médecin aux urines, d'après Netſcher, premiere épreuve avant la lettre.

276 Une grande Theſe en quatre feuilles, par R. de Hooge, dediée à Jean, troiſieme Roi de Pologne; & huit autres piéces, d'après Berghem, par Viſſcher & autres.

277 Huit piéces, par Schmidt & Preiſler, d'après Rembrandt, &c.

278 Les enfans du Roi d'Angleterre, & Arthur Breadmore en maniere noire, par Watſon.

279 Trois autres manieres noires, par Earlom, & un ſujet de Lions, d'après Rubens, par Walker.

280 Cinq autres, par Smith, &c. dont la Magdeleine à la lampe, &c.

281 Le Roi de Dannemarck, par Fiſcher, épreuve avant la lettre; & trois autres Portraits, par Dixon & autres.

282 Garrick en pied, embraſſant le Buſte du célebre Auteur Anglois, gravé par Green.

283 Un Chien caniche dans des roſeaux, par Watſon, premiere épreuve avant la lettre.

284 Quatre Eſtampes, d'après Coypel, dont Galatée, Diane au bain, &c.

285 La Franche-Comté, par Simoneau, d'après le Brun.

286 Le platfond de l'Aurore à Seaux, d'après le Brun; & quatre autres piéces,

Ci contre 1736. 9

276 Mercenay .... 6. .
277 Basan .... 6. .
278 Volé 10. 11
279 Roger 6. 1
280 Volé 3. 1
281 Basan 7. 19
282 Volé 11. 13
283 Mr .... 18. .
284 Tomeret .... 5. .
285 Le Brun 10. 14
286 Mr .... 9. .

1828. 8

Report de l'autre 4828. 8

287 Alibert 7. 5

288 Mr 3. 2

289 Tomeret .... 9. .

290 Alibert .... 7. .

291 Enaud .... 18. .

292 Lalvé 3. 3

293 Tomeret .... 9. .

294 id .... 15. .

295 Voté 4. 5

296 Lebrun .... 16. .

297 Alibert 6. 13

4928. 16

par Baudet, &c.

287 Treize Sujets divers, d'après le Brun, Coypel & autres, par différens Maîtres.

288 Neuf autres, d'après Jeaurat, Coypel, &c.

289 Quatre, d'après Vanloo, Pierre & Raoux, par Lempereur & Beauvarlet.

290 L'Apotheose d'Isis, par le Clerc, premiere épreuve, avec les danseurs.

291 Les conquêtes de Louis XIV, par le Clerc & Châtillon, & la Bataille de Cassel, en trente-neuf pieces.

292 Trente-trois Estampes diverses, par le Clerc, Rigaud, &c.

293 Sept grandes piéces, dont les Statues de Louis XIV, érigées dans les villes de Lyon & Bordeaux; Louis XV à cheval, par Thomassin, &c.

294 Un vol. oblong, contenant cinquante-quatre bas reliefs antiques, d'après J. Romain, Polydore, &c. par Stella & autres.

295 Les peintures des loges du Vatican, d'après Raphael, gravées à l'eau-forte par Giovani, en cinquante-cinq feuilles, & les métamorphoses d'Ovide, en cent cinquante pieces, d'après Tempeste.

296 Le livre à dessiner, d'Houbraken, & celui des cent Statues, de Biscop.

297 Les statues de Versailles, en deux cens dix-huit planches, par Thomassin, *in*-4°, relié.

298 La Vie de N. S. en quarante-six Estampes, composées & gravées par Parocel, en un volume oblong relié, & les différens Ordres Religieux, par Fialetti, en soixante-douze planches *in*-4°. relié.

299 Les figures de Daphnis & Chloé, d'après Coypel, anciennes épreuves, *in*-4°. relié.

Sixieme Vacation du Lundi 2 Avril 1770.

300 Neuf Dessins divers, par Rembrandt.
301 Douze autres différens sujets, dessinés par le même.
302 Six Sujets divers, par Jordans & autres Maîtres Flamands.
303 Huit Paysages & animaux, par Everdingen & autres Maîtres.
304 Quatre Sujets & Paysages, par Verkolie & autres.
305 Huit autres *idem*, par Luyken, &c.
306 Trois petits Paysages, par Westraet.
307 Un Sujet pastoral, par Oudry, & un Paysage, par Sarazin.
308 Deux jolis Paysage & Ruine, dessinés d'après nature, par Wille.
309 Trois petits Paysages avec figures & animaux au bistre, par Mayer.
310 Cinq Paysages, par Bauduin & autres.
311 Deux Sujets d'un bel effet, dessinés au

Ci contre ... 4928-16.
298 Lebrun ... 5. 13.
299 Connerel ... 15.
300 Le Brun ... 6.
301 id ... 6. 2.
302 M.r ... 7. 10
303 Volé ... 7. 1.
304 M.r ... 5. 7.
305 Boré ... 4. 5.
306 Aliberet ... 6. 7.
307 Bason ... 6.
308 M.r N.o ...
309 Volé ... 5. 1.
310 Bason ... 4. 19.
311 id ... 6. 10.
5014-11.

	De l'autre	504	11
312	Volé	11	
313	Bouchartet	15	1
314	id	12	
315	fabre	5	14
316	Boré	7	6
317	alibert	8	
318	fabre	4	18
319	id	3	9
320	alibert	12	19
321 / 322	fabre	9	
323	Boré	4	19
324	alibert	12	
325	Mercier	8	1
		5128	16

bistre, par Parizeau.

312 Deux petites Baraques & Paysages coloriés, par Grim.

313 Deux Paysages coloriés, dessinés par un Eleve de Lauterburg.

314 Une Vue de Rome, & un petit Paysage, coloriés.

---

315 Vingt-neuf Estampes, Sujets & Têtes, composés & gravés par Benedette Cast.

316 Cinquante-deux Apôtres, d'après van-Dyck & Segers.

317 Seize Saints de Flandres, par Visscher.

318 Douze petites & moyennes Têtes, par Rembrandt.

319 Neuf autres Sujets divers, par le même, dont la Samaritaine, &c.

320 Sept piéces, d'après Berghem & autres, dont les quatre heures du jour, par le Bas.

321 Trente Sujets d'enfans & animaux, par Lairesse, vanden-Heckc & autres.

322 Cinquante petites piéces d'Apôtres & Hermites, par Bloemaert, &c.

323 Trois Portraits, par Hollar, d'après van-Dyck & Titien; & de plus, une Sainte Catherine, d'après Raphael, par le même.

324 L'œuvre du C.. Goudt, en sept morceaux.

325 Deux piéces, par de Marcenay, d'après

Rembrandt, dont Tobie & Mr. de Mirabeau, épreuve ſans lettres.

326 Soixante-onze petits morceaux, par Aldegrave, Hiſbens, & autres Graveurs.

327 Dix-neuf Apôtres & autres Sujets, par Kilian, P. Nolpe, &c.

328 Les douze Comteſſes, d'après van-Dyck, par Lombart.

329 Huit Payſages, par N. de Bruyn, anciennes épreuves.

330 Les douze Mois, d'après Wildens, gravés par Matham & autres.

331 Soixante-un Payſages divers, par Nieuland, P. Nolpe & autres.

332 Les Planettes, en ſept morceaux, par Saenredam, anciennes épreuves.

333 Soixante Payſages & Sujets divers, compoſés & gravés par Dietricy.

334 Vingt-ſix Ruines & Payſages, par van-Velde & autres.

335 Miſſ. Cholmondeley, d'après Reynolds, & une jeune fille tenant un pigeon.

336 La Ducheſſe d'Ancaſter & Lady Stanhope en pied, d'après Reynolds, par Watſon & Dixon, en maniere noire.

337 Le Repoſoir, de la Belle, ancienne & belle épreuve.

338 Vingt-cinq piéces, par le même, Caprices & autres.

339 Onze Jeux tournois de Florence, par le même.

Ci contre 5128.18

326 Fabre ..... 6. -

327 Bourchardet 3. 1

328 Le Sere 5. 19

329 Basan ..... 8. -

330 Mr 5. 19

331 Volé ..... 6. -

332 Boré 14. 19

333 id 36. 1

334 id 5. 1

335 Latiné ..... 7. -

336 Boré 13. 19

337 Basan ..... 6. -

338 Volé 3. 18

339 Basan 8. 19

5259. 15

	De l'autre	5259. 15
340	Volé	4. 16
341	Basan	5. 2
342 – 343	alibert	4. 17
344	Ducrocq	13.
345	id	9.
346	Volé	8.
347 – 348	Basan	14. 19
349	id	3. 10
350 – 351	Volé	14. 1
		5337.

340 Seize autres Sujets, par le même ; Vazes, Enfants, &c.

341 Quatre Sieges de Saint Omer, Arras & autres, par le même.

342 Vingt-six petites piéces, par le même ; conduites de Canons & exercice de Cavalerie.

343 Vingt-six piéces, par Callot & la Belle, dont les facétieuses inventions d'Amour & de Guerre.

344 Vingt, par Callot ; sçavoir, les Miseres de la Guerre, & deux de la petite vue de Paris, dont une épreuve avant le fond terminé.

345 La tentation de Saint Antoine & le Benedicite, deux fois, avec des différences.

346 Le Purgatoire, ou le Puit en quatre morceaux, par le même Callot.

347 Trente-deux petites piéces, du même ; la petite Passion, les Martyres des Apôtres & les quatre Banquets.

348 Vingt-huit *idem*, la Vie de la Vierge, le Nouveau-Testament & le Christ au tombeau, d'après Salimbeni.

349 La grande Rue de Nancy & le Parterre, copie *idem*.

350 Vingt-quatre piéces, par le Clerc ; dont le Mausolé du Roi de Suede, la multiplication des Pains, &c.

351 Cinquante-neuf autres, du même ; dont l'Histoire de Psiché, &c.

352 La Magdeleine, de le Brun, par Edelinck.

353 La Tente de Darius, d'après Mignard, par Edelinck.

354 Six Portraits, d'après Rigaud & autres, dont le Prétendant, par wille.

355 Douze autres, d'après Largilliere, Detroy, &c. par Daullé, dont plusieurs avant la lettre.

356 Quatorze Portraits étrangers, par P. Pontius, Muller & autres.

357 L'Œuvre de J. Jordans, en dix-huit morceaux, par Bolsvert, P. Pontius, &c.

358 Le Cabinet du Bourg-Mestre Reynist, en trente-quatre pièces, par Visscher & autres habiles Graveurs, d'après différens Maîtres, *in folio* relié.

359 Les figures de la Bible, par Luyken, en soixante-deux planches, *in-fol.* relié.

360 Un volume relié, contenant trente-neuf Estampes, d'après Boucher & autres, par Larmessin, &c.

Septieme Vacation du Mardi 3 Avril 1770.

361 Huit compositions différentes, dessinées par Dietricy, dont Adam & Eve, la Nativité, l'Annonce aux Bergers, &c.

362 Sept autres dessins, dont une Baraque, par Dietricy, un Paysage, par Terempel, &c.

363

Ci contre ... 5337.

352 Moitti ... 6.
353 alibert ... 8.
354 Lebrun ... 8. 11.
355 id ... 4. 13
356 id ... 3. 2.
357 alibert ... 3.
358 Basan ... 31.
359 alibert ... 22.
360 Lebrun ... 45. 19
361 Basan ... 24. 13
362 Bouchardet ... 14.

5504. 18

De l'autre ... 5501. 18
363 avec 373 ...
364 M^r ... 47. 19
365 M^r ... 18.
366 Enault ... 10. 4
367 Alibert ... 4. 4
368 Basan ... 33.
369 M^r ... 13.
370 M^r N^r ...
371 Moreau ... 6. 1
372 avec 363 ... 4. 5
373 Bouchardet ... 16. 19
374 De Bessé ... 21. 1
375 Alibert ... 4. 4
376 Basan ... 71. 19

5745. 9

363 Deux jolis Paysages avec figures & animaux, par westraet.

364 Quatre Sujets à Guazze, par Ditch, représentant des fruits & fleurs d'Automne.

365 Deux autres, du même, représentant des Légumes.

366 Deux Sujets Militaires, au bistre, par Cazanove.

367 Huit Sujets & Têtes, par F. Boucher.

368 Deux Paysages avec figures, d'une très-jolie fabrique, par Pillement, au crayon noir sur papier blanc.

369 Deux Paysages & Ruines, au lavis, par Sarazin.

370 Deux Vues près de Montmartre, dessinées d'après Nature, par wille.

371 Quarante-six Dessins, par différens Maîtres Flamands & autres.

372 Quinze autres dessins d'Etudes & Sujets divers, par différens Maîtres.

373 Deux Sujets avec beaucoup d'enfans, à la plume & au bistre, par Larue.

374 Quatre jolis petits Paysages coloriés, par un Peintre Allemand.

375 Quatorze Têtes & Sujets divers, par différens Maîtres.

---

376 Une suite de soixante-dix-neuf pièces, gravées à Londres, d'après les dessins du Guerchin, qui sont dans le Ca-

binet de sa Majesté Britannique, par Bartholozzi.

377 Vingt-six Têtes de vieillards, composées & gravées par Tiepolo.

378 Vingt-sept piéces diverses, par Ostade, Van-Velde, & autres Maîtres Flamands.

379 Dix grands Portraits d'Hommes & Femmes en pieds, gravés d'après van-Dyck, par Gunst.

380 Dix Portraits & Sujets divers, d'après van-Dyck & autres.

381 Le platfond de Whitehall, d'après Rubens, en trois piéces; & quatorze Apôtres, d'après Seger.

382 Douze Sujets divers, par Rembrandt.

383 Douze autres *idem*, dont Faustus, &c.

384 Dix Sujets de l'Ancien & Nouveau-Testament, par le même.

385 Vingt Sujets & animaux, de Berghem, gravés par lui-même & Visscher.

386 Quatre Paysages & Sujets Flamands avec beaucoup de figures, d'après Vinckboons, par Swanenburg, &c.

387 Quatre grands Sujets avec beaucoup de figures, par N. de Bruyn, sup. épreuves, dont N. S. présenté au Peuple, & pendants.

388 Dix Sujets divers, par Crispin de Pas & autres.

389 Quatre, par Alb-Dur & autres, dont la Mélancolie, le Cheval de la Mort, &c.

Cy contre ... 5745. 7

377	alibert	10. .
378	id	6. .
379	volé	7. .
380	febvre	5. 10
381	Piogez	3. 2
382	alibert	8. 19
383	Lebrun	7. .
384	alibert	4. 2
385	M.	5. 1
386	Basan	7. .
387	Durand	15. .
388	Pioget	8. 19
389	Basan	7. 19
		5841. 1

390 Cent vingt-neuf petits Sujets divers, par Lucas, Alb-Dur, & autres anciens Maîtres.

391 Vingt-six Apôtres & autres Sujets, par J. de Gheyn, &c.

392 Quarante-deux Sujets & Paysages, par Sadeler.

393 Trente-huit Paysages divers, par le même.

394 Deux cens piéces, par la Belle, Jeux de cartes pour la Géographie, &c.

395 Vingt-trois piéces *idem*, Vases & Cartouches.

396 Quarante *idem*, Frises & piéces de Fortifications.

397 Vingt-six *idem*, Paysages en rond.

398 Vingt-deux *idem*, Ballets des Autruches, Singes, &c.

399 Trente-six piéces, par Callot & la Belle, Fantaisies & Exercices Militaires.

400 Dix-neuf, par Callot, dont S. Jean dans l'Isle de Patmos, les Sacrifices, les Pénitens, les Tableaux de Rome, &c.

401 Quarante-six autres piéces *idem*, dont Dervet, la Conversion de Saint Paul & pendants, &c.

402 Saint Mausuet & Saint Claude, & l'Eventail original & copie, en tout cinq piéces, par le même.

403 Dix-sept Morceaux, du même, Sujet & Portraits, dont Louis de Lorraine à Cheval, le Combat à la Barriere, &c.

404 Seize, par le même, la grande Passion & le jeu de Brelan, original & copie.

405 Neuf feuilles d'Oiseaux & Fleurs des Indes.

406 Vingt-six Paysages, Ruines & Antiquités, par l'Abbé de S. Non.

407 Vingt-deux Sujets divers, d'après Boucher & autres, par Daullé, &c.

408 Cent pièces d'Etudes diverses, par Watteau.

409 Soixante-deux feuilles d'Oiseaux, par Robert, Barlou & autres.

410 Cinq Portraits d'après Rigaud & autres, dont Mr. de Belle-Isle, par Wille, &c.

411 Sept autres *idem*, dont les Cardinaux de Mahy & de Rohan, par Drevet, &c.

412 Dix *idem*, dont Mrs. Decottes, Forest, &c.

413 Huit petits Portraits & Sujets, par de Marcenay, dont Charles premier, le Chevalier Bayard, &c.

414 Un volume *in-folio* relié en veau, contenant deux cens quatorze Sujets de Vierges de différens Maîtres, gravés par Poilly & autres.

415 Le Cabinet de l'Archiduc, connu sous le nom de Teniers, contenant deux cens quarante-cinq Estampes d'après différens Maîtres, gravées par Worsterman, V. Kessel, & autres Graveurs, *in-fol.* relié.

	Contre	5954. 14
404	Lalvé	6.
405	Volé	8. 19
406	alibert	6.
407	Tomeret	7. 7
408	Basan	4.
409	Mr	4.
410	alibert	6. 5
411	Basan	7. 15
412	Boré	3. 14
413	Durand	8.
414	Basan	40.
415		18.
		6074. 15

416 Un volume *in-folio* relié, contenant les Sujets & Vignettes pour la Jérusalem délivrée, d'après Piazetta.

417 Les Vues de Venise, par Marieschi, en vingt-trois piéces *in-folio* relié.

418 Les Estampes des métamorphoses d'Ovide, par B. Picart, en cent trente-deux piéces, des premieres épreuves avant l'édition du Livre, *in-fol.* relié.

419 Un volume en parchemin, contenant cent vingt-un Animaux divers, par Bloemaert & Potter.

Huitieme Vacation du Mercredi 4 *Avril* 1770.

420 Quatre Dessins de compositions, par V. Salembeni, Zuccaro, &c.

421 Six autres, par B. Castelli, Mirolo, &c.

422 Six grands Sujets dessinés par différens Maîtres.

423 Trois *idem*, par Sallaert, Luycken, &c.

424 Huit Paysages, par van-Dermeer & autres Maîtres Flamands.

425 Deux jolis Paysages avec figures & animaux, par Pillement, au crayon noir sur papier blanc.

426 Le Triomphe de Bacchus & une Bacchanale à la plume & au Lavis, par la Rue.

427 Deux Paysages d'une jolie fabrique

avec figures & animaux, faits à Gouazze, par Perignon.

428 Deux autres piéces à la Guazze, Ruines de Rome, par Lallemant, ornés de paysages & figures.

429 Deux petits Paysages coloriés, par un Maître Hollandois.

430 Deux autres petits Paysages avec figures & animaux, par Dirch, sur papier bleu, représentant un Hyver neigeux, & un coup de Tonnerre.

431 Trente-six Dessins sujets divers, par différens Maîtres François.

432 Vingt-un autres Sujets divers, par le Sueur, &c.

---

433 Douze Estampes en clair obscur, d'après Raphael, Parmesan, Guide & autres, dont la chûte des Geants, le S. Jérôme, &c. toutes belles épreuves.

434 Vingt-sept Eaux-Fortes, par différens Peintres Italiens.

435 Dix-sept Sujets, composés & gravés par Tiepolo, dont Herodias présentant la tête de Saint Jean, la prédication de Saint Jean & les Stations.

436 Dix-neuf Paysages, composés & gravés à l'eau forte, par M. Ricci.

437 Neuf Sujets divers, d'après le Guerchin, &c. par Bartholozzi & autres.

438 Un Cahier de neuf piéces, gravées à

Ci contre ... 6285.5

428 Basan ... 47.19
429 Bouchardet ... 13.
430 id ... 12.1
431 Mr ... 11.19
432 Mercenay ... 12.1
433 Mr ... 9.1
434 Basan ... 5.
435 id ... 8.
436 Le Brun ... 5.
437 Renaud ... 5.
438 Le Brun ... 15.19

6430.5

	De l'autre	6430.5
439	Le Brun	6.
440	Bourbonnois	10.5
441	Vinger	4.
442	Mercenai	3.19
443	Le Brun	6.
444	id	9.
445	id	7.5
446	Pitaro	4.16
447	Vingro	6.4
448	Cruels	5.18
449	Fabre	3.19
450	id	5.11
451	id	4.18
		6508.

Londres, par Bartholozzi, d'après P. Cortone, Sirani, &c.

439 Six Têtes d'Apôtres & autres, par Pitteri.

440 La Nativité, & trois autres grands Sujets de fantaisie par le même, d'après P. Longhi.

441 Deux grandes piéces, dont le Portrait de l'Infante Isabelle, par P. Pontius, d'après Rubens,

442 Dix Sujets divers, d'après Rubens & autres.

443 Six Sujets divers, par Rembrandt, dont la mort de la Vierge, le denier de César, &c.

444 Le Boiteux guéri par Saint Pierre, & Mardoché, par le même.

445 Huit autres, par le même, Portraits & Paysages.

446 Dix-sept piéces, par V. Uliet, Sujets de différens métiers.

447 Douze Sujets de Vierges, par Bloemaert, anciennes épreuves.

448 Vingt-neuf, par Goltius & Gheyn, dont les Péchés mortels, les Vertus & les Muses.

449 Cinquante-huit piéces diverses, par M. de Vos, Crisp. de Pas, &c.

450 Trente-huit Animaux divers, par Potter, Stoop & autres.

451 Cinquante-deux Animaux & Sujets divers, par Hollar.

452 Quarante Apôtres & Soldats, par Goltius & Sadeler.

453 Cinquante-quatre petits Sujets divers, par V. Velde & autres.

454 Appollon gardant les troupeaux, d'après Ph. Lauri, par Byrne, & un paysage par le même, d'après Zuccarilli.

455 Celadon & Amelie, avec Ceyx & Alcyone qui fait pendant, gravés par Woollett.

456 Deux piéces en maniere noire, par Clowes, dont l'Usurier au lit de la mort, & son pendant.

457 Quatorze différens Sujets, composés & gravés par la Belle, Sujets de Tragédies, Marines, &c.

458 Vingt-quatre petits Sujets divers, par le même, dont Montjoye, divers Mascarons & autres piéces rares.

459 Cinq Sujets de Marines & Sieges, par le même.

460 L'Entrée de l'Ambassadeur en six piéces, & les deux Ecrants par le même.

461 Vingt petits Morceaux, par Callot, dont l'Enfant Prodigue & les petites miséres de la Guerre.

462 Trente-six autres, du même, les Apôtres & la Noblesse.

463 Six piéces, par Callot & la Belle, dont la Carte du Royaume des Cieux, les Bohemiens, &c.

464 Neuf, par Callot, Vues de Paris, Martyre

Ci contre ...... 6508.

452 Mercenai ...... 4. 2.
453 Fabre ...... 4. 1.
454 Basan ...... 7. 19.
455 Evrard ...... 18.
456 Basan ...... 9. 15.
457 Lebrun ...... 6. 19.
458 Basan ...... 12. 19.
459 id. ...... 3. 10.
460 Mercier ...... 3. 16.
461 Mr ...... 6.
462, 463 Basan ...... 6. 3.
464

6591. 4.

Martyre de Saint Sebastien, Paysages, Longuets, &c.

465 Louis XIII à cheval & la grande These de Ch. de Lorraine, par le même.

466 Quarante-cinq petits Sujets divers, par le même, Bailli, Gobbi, &c.

467 Vingt-trois *idem*, Fêtes de Florence, &c.

468 Vingt-quatre Sujets divers, par Callot & le Clerc, Medailles, &c.

469 Six grandes Fêtes & Catafalques, par Cochin.

470 Soixante-onze Vignettes, d'après Cochin, Eisen, &c. dont la suite du Virgile de l'Abbé Desfontaines.

471 Quarante-un Portraits divers, par différens Graveurs.

472 Cinquante-quatre autres, Prélats & Artistes en différens genres.

473 Quarante piéces d'Architectures & Plans divers.

474 Dix-huit Sujets & Portraits divers, par différens Maîtres.

475 L'œuvre de R. de Hooge en deux vol. *in-folio* reliés en veau, contenant cent soixante piéces diverses, la plupart historiques & très-intérressantes; le tout bien conditionné.

476 L'œuvre de Mariette pere, composé de plus de sept cens cinquante morceaux petits & grands, d'après différens Maîtres; le tout en un volume relié.

477 Un volume relié en veau, contenant cent quatre-vingt-six Estampes sujets de Vierges différents, d'après le Guide & autres Maîtres, gravés par Poilly, &c.

478 Un autre volume, contenant trente-six Sujets divers d'après Jouvenet, le Brun, &c. par différens Graveurs.

479 Un autre volume en parchemin vert, contenant les Œuvres de Mellan, en deux cens soixante morceaux.

Neuvieme Vacation du Jeudi 5 Avril 1770.

480 Six Sujets de compositions de différens Maîtres Italiens.

481 Trois jolis Dessins, dont deux de P. de Cortone, & un par Della-Bella.

482 Un grand Vase rempli de fleurs, lavé à l'encre de la Chine, par van-Huysum.

483 Trois Paysages & Animaux au Lavis, par van-Derdoes & Moucheron.

484 Treize Crocquis à la plume, par Rembrandt.

485 Trente Sujets & Paysages, par van-Velde & autres.

486 Vingt-trois Dessins, par différens Maîtres Flamands & autres.

487 Quatre Paysages & sujets d'Animaux, par P. Bril, van-Bloom, &c.

488 Quatre Vues d'Italie aux crayons noir & blanc.

Ci contre ... 6792. 5

477 Mireunay ... 20.

478 Pruger ... 12. 1

479 Basan ... 27. 10

480 Clerisseau ... 7. 2.

481 ... "

482 Basan ... 12. 19.

483 Lacombe ... 8.

484 Clerisseau ... 5. 12.

485 Mercier ... 9. 19.

486 ... "

487 M.r ... 3. 10

488 Pruger ... 10. 1.

6918. 19

De S. Sauts ... 69.18.19
489 Le Brun ... 3.15
490 Mr ... 3.3
491 Basan ... 10.19
492 Mr ... 9
493 Basan ... 12.1
494 Bouchardet ... 18
495 Mr ... 10.15
496 Volé ... 8.5
497 Alibert ... 3.15
498 Basan ... 4.10
499 Godefroi ... 6.19
500 Mr ... 3.10
501 Enault ... 6

70.19.11

489 Vingt-quatre Deſſins & Etudes diverſes, par Sandrart & autres.

490 Trente-ſept Sujets & Etudes par différens Maîtres François.

491 Deux Académies à la ſanguine, par C. Vanloo.

492 Deux Repas, & converſation de Femmes & Satyres, par de la Rue.

493 Quatre autres Deſſins, dont trois par le même la Rue, Sujets de Sacrifices & d'Enfans.

494 Quatre très-petits Payſages coloriés, dans le goût de Wagner.

495 Deux jolis petits Payſages en rond à l'encre de la Chine, par Dunker.

---

496 Trente-quatre Eſtampes en clair obſcur, d'après le Parmezan & autres, dont N. S. mis dans le tombeau, de Scolari, le Portrait de Charles V.

497 Dix Eaux fortes, par différens Maîtres Italiens, dont la Communion de Saint Jérôme, par Teſta, &c.

498 Soixante-quatorze feuilles de bas reliefs de Polydore & autres.

499 Quarante-deux piéces à l'eau-forte, par P. Teſte & autres.

500 Trente-ſix Vues de Veniſe, par L. Carlevarys, à l'eau forte.

501 Cinquante-un Payſages à l'eau forte, par Bologneſe & autres.

502 Quarante-un autres *idem*, par Cl. Lorain, Vander-Cabel, &c.

503 Cinq grosses Têtes, par Pitteri.

504 Six pièces, par Bartolozzi, d'après P. de Cortone & C. Maratte.

505 Quatorze Estampes gravées à Londres à l'eau-forte, d'après S. Rose. Bourdon, &c.

506 Six pièces du Guide & autres, dont la Fuite en Egypte, par Poilly, &c.

507 Vingt-trois Têtes diverses, par Benedette & autres.

508 Quatorze Sujets divers, d'après Piazetta & autres.

509 Quatre grandes pièces de la Galerie de Dresde, dont l'Aumône du Carrache, & trois autres par Kilian, d'après P. Veronese, &c.

510 Le Christ mort, par Soutman, d'après Rubens, & celui des Capucins, par Bolsvert, anciennes épreuves.

511 Le petit Bacchus Yvre, par Soutman & le Fleuve, d'après Rubens, *idem*.

512 Vingt-cinq pièces, d'après Rubens & Rembrandt, dont les Philosophes Romains, &c.

513 Six petits Sujets & Paysages, par Rembrandt.

514 Neuf autres Sujets par le même, dont Agar répudiée, Joseph & Putiphar, &c.

515 Cinquante-quatre petits Sujets de

Contre . . . . 7019. 11.
502 Fabre . . . . 6. 1.
503 Basan . . . . 6. 15.
504 Lebrun . . . . 15.
505 Enoult 3. 16
506 M^r . . . . 5.
507 Alibert . . . . 4. 1.
508 deMahi . . . . 9.
509 Alibert 9. 19
510–511 Vieger . . . . 24. 1.
512 M^r 7. 10
513 Lebrun 5. 3
514 id^m . . . . 7. 1.
515 Fabre 5. 6

7128. 4.

De l'autre 7128. 4

516 alibert 5. 9

517 Vioquo .... 7. 1.

518 Basan 5. 19

519 Lenaud .... 4. 12.

520 Basan .... 4. 14.

521 Lenault .... 3. 1.

522 Mr .... 18.

523 Lebrun .... 15.

524 Lenault .... 9.

525 Basan 4. 4

526 id 8. 1

527 id 8. 3

528 Mr .... 40.

529 fabre 7. 16

7269 4

Figures, Animaux & Paysages, par Bloemaert.

516 Vingt-un autres moyennes piéces de différens Sujets, par le même.

517 Trente-deux autres Sujets, par Bloemaert & de Gheyn.

518 Vingt-huit Paysages & Sujets divers, par Bloemaert.

519 Soixante-dix-huit petits Paysages, par Bloemaert, Sadeler, &c.

520 Trente-cinq Sujets divers, par Bloemaert, Sadeler & autres.

521 Soixante-deux autres piéces, par Sadeler, Sujets & Portraits.

522 Deux belles Estampes, gravées à Londres par Woollett, d'après Dusart, &c.

523 Deux autres *idem*, Niobé & Phaéton.

524 Deux manieres Noires, dont Agar répudiée, d'après Rembrandt, & la Benédiction de Jacob, d'après West.

525 Dix Sujets & Portraits divers aussi en maniere noire.

526 Quatorze autres Portraits, par Mc Ardell, Watson & autres.

527 Huit Sujets & Paysages, gravés par le Capitaine Baillie, dans la maniere de Rembrandt & d'après lui.

528 L'Œuvre de Sandby, composé de quatre-vingt-seize Sujets & Paysages gravés à l'eau forte, par lui-même.

529 Quarante-neuf Sujets divers, Animaux & Marines, par Zeeman, &c.

530 Treize grands Sujets Historiques, par R. de Hooge.

531 Vingt-quatre Sujets & Paysages, d'après Teniers, par le Bas, Tardieu, &c.

532 Quarante-quatre Sujets Militaires & Animaux, par Ridinger & Rugendas.

533 Deux piéces, par de Marcenay, d'après Poussin & Parocel, épreuves non finies.

534 Douze Estampes, d'après le Poussin, dont les sept Sacrements, gravés à l'eau forte, &c.

535 Sainte Genevieve, par Balechou, d'après Vanloo.

536 Quarante piéces diverses, par Mellan & autres.

537 Trente-six piéces, par la Belle, Paysages, Têtes Persiennes, &c.

538 Trente piéces, du même, Aigles & autres Animaux.

539 Seize autres piéces *idem*, Sujets de Vierges, &c.

540 Un volume du Cabinet du Roi, contenant vingt-quatre des Tableaux & dix-huit Statues.

Dixieme Vacation du Vendredi 6 Avril 1770.

541 Un Sujet emblematique sur la mort, dessiné par Jordans.

	Ci contre	7269. 4
530	Mr	4. 19
531	Basan	7. 19
532	Lebrun	5. 15
533	Mercier	7. 17
534	Evrard	4. 7
535	id	24.
536	Basan	3.
537	Lebrun	10.
538		
539	Mr	4.
540	Alibert	6.
541	Volé	9. 1
		7410. 2

	De l'autre	7410 . 2
542	Basan	6 . 4
543	Chérissau	10 . 5
544	Mr	5 .
545	Mercier	11 . 19
546	Mr	4 . 15
547	Mr	4 . 16
548	Volé	12 . 19
549	Basan	8 . 5
550	Chérissau	8 .
551	La Combe	4 .
552	Chérissau	8 .
553	Mr	13 . 19
554	Le Brun	5 . 19
555	Fabre	6 .
556	Beaufort	3 . 1
		7523 . 4

542 Trois Sujets de Batailles & autres, par Verschuring, à l'encre de la Chine.

543 Quatre Dessins de Paysages, par Bauduin.

544 Dix Sujets divers, dessinés par Corn. Schut & autres.

545 Un Sujet de Tabagie, composé de deux Hommes & d'une Femme joliment colorié, dans le goût de Dusart.

546 Quatre Paysages & Sujets, par Booth & autres.

547 Quatre Paysages, dont deux coloriés par Liender, & deux par Waterloo.

548 Six Paysages & Baraques, par Veirotter.

549 Deux Paysages ornés de Ruines, dessinés au bistre, par Sarazin.

550 Dix-neuf Dessins, par le Sueur, le Brun, &c.

551 Quatre Animaux dessinés par Oudry, aux crayons noir & blanc.

552 Deux Sujets, par la Rue, dont les Géants foudroyés, &c.

553 Deux autres par le même, dont un Sujet avec beaucoup d'Enfans.

554 Un Portrait de Femme, dessiné par Rigaud.

---

555 Vingt-sept Estampes gravées à l'eau forte, par Benedette & autres.

556 Douze pièces, d'après P. de Cortone, Lenfranc, &c.

557 Six Têtes de Saints, d'après Piazetta, par Pitteri.

558 Trente-une Ruines & Paysages gravés à l'eau forte, par Canal.

559 L'Ascension, l'Annonciation & le Mariage de la Vierge, d'après Rubens, Vanden-Enden Exc.

560 La Susanne, par Vorsterman, & la Naissance d'Hereliction, par van-Sompel, d'après le même, anciennes & belles épreuves.

561 Cinq pièces d'après le même, dont la Vierge à l'Oiseau & celle au Peroquet.

562 Cinq autres du même, par différens Graveurs.

563 Deux Sujets, d'après Jordans, dont Mercure & Argus.

564 Vingt Sujets divers, par Bloemaert, dont Saint François du Guide.

565 Deux Paysages, par Rembrandt.

566 Huit petits Paysages & Têtes, par de Marcenay, dont Charles premier, le Chevalier Bayard, &c.

567 Trente-quatre Paysages, par van-Velde, Waterloo, &c.

568 Soixante-cinq pièces diverses, composées & gravées avec beaucoup de goût, par Dietricy.

569 Vingt-cinq Sujets du Temple des Muses, par Bloemaert & autres.

570 Vingt-trois pièces, par Corn. Cort, Sujets

Ci-contre 7523. 4.

557 Lebrun 7. 17.

558 id 9. 1.

559 Jabre 15. 12.

560 Basan 24. .

561 Gillendar 4. 19

562 Mercier 4. 2.

563 Basan 3. 7.

564 Lebrun 5. .

565 Roy 10. .

566 id 5. 19

567 Lebrun 48. .

568 id 10. 11.

569 volé 5. .

570 id 26. .

7702. 12.

	[illegible]	7702-12
571		
572	Votié	3.1
573	Lebrun	17-19
574	Basan	4-2
575	Mericio	5
576	Basan	7-19
577	id.	11-19
578	Albert	9
579	Boré	8-14
580	Roy	4
581	Lebrun	6
582	avec 584	
583	Basan	7-19
584	id. et 582	7-19
		7786-4

Sujets de la Vie de N. S. & autres.

571 Cinquante Sujets & Paysages divers, par Sadeler & autres.

572 Quatre vingt-onze Soldats de Gheyn, faisant diverses évolutions Militaires.

573 Deux manieres noires, par Green & Marchy, d'après Reynolds, &c.

574 Quinze piéces de la Belle, Scenes d'Opera & Marines.

575 Trente-trois autres du même, Paysages & Sujets de Caprices.

576 Huit piéces de Carouzels de Florence.

577 Cinq grandes piéces, par le même, pour le Blason, les Héros d'Armes, &c.

578 Trois piéces par Strange, d'après le Guide & Sacchi.

579 Deux Sujets gravés à Londres, par Walker & Vivarès, d'après Cl. Lorain & le Moine.

580 Cinquante-quatre petites piéces, par Callot, Emblêmes & Lumiere du Cloître.

581 Les figures du Voyage de la Terre-Sainte, en quarante-sept piéces, par le même.

582 Dix piéces, par le même, dont la Sainte Famille d'André-del-Sarte, avec des différences.

583 La grande Foire de Nancy, par le même, avec une copie très-bien faite & de même grandeur.

584 Quinze Vues de Florence avec différence dans le titre, & le Martyre Saint

Laurent, par le même.

585 Les trois grands Sieges de la Rochelle & autres du même, avec leurs Banderoles.

586 Quarante-trois Sujets & figures Académiques du Pouſſin & autres, dont la mort de Germanicus, &c.

587 Cinq épreuves d'eau forte, par Cars & autres, d'après le Moine, &c. dont Cacus, Iphigenie, &c.

588 Trente-ſix piéces d'Animaux divers, par Ridinger.

589 Vingt-trois Sujets divers, d'après différens Maîtres.

590 Vingt-ſix Portraits, par Preiſler & autres.

591 Trente-deux Sujets & jeux d'Enfans, par Teſtelin.

592 Trente-ſix petits Sujets divers, d'après Boucher, Pierre & autres.

593 Trente-ſix feuilles de diverſes Etudes de la Colonne Trajane, par Boucher, &c.

594 Vingt-quatre Sujets d'après Boucher, & Payſages de Pillement.

595 Cinquante-une Académies diverſes, d'après Boucher & autres.

596 Trente-cinq Payſages, par Veïrotter & autres.

597 Quatre-vingt-un Payſages & Têtes, par Hollar & autres.

598 Cent quatre-vingt-deux piéces Sujets

Ci contre 7786.4

585 Basan ...... 26.
586 Vinger 6.6
587 Basan 12.1
588 Lebrun 4.5
589 Mr 4.18
590 ......
591 volé 3.19
592 alibert 14.19
593 Mr ...... 4.
594 Mr 3.2
595 Mr 12.2
596 Mr 9.1
597, 598 Mercier ...... 6.

7892.19

De l'autre 7892. 19

599 Basan .... 48. .

600 Mr 5. 19

601 Mercier .... 4. .

602 Lebrun 20. 12

603 Basan 6. 9

604 Mr .... 4. .

605 Mr .... 6. 1.

606 Bouchardot .... 18. .

607 Basan .... 18. 13.

608 Bouchardot .... 8. 1.

609 Mr 5. 19

610 Lachenal .... 3. [illegible]

8044. [illegible]

de Modes & autres, par Boſſe, &c.

599 Quatre-vingt-ſeize Oiſeaux coloriés, compoſant les quatre premiers Cahiers de la ſuite du Buffon, par Martinet.

Onzieme & Douzieme Vacations du Samedi 7 Avril 1770.

600 Quatre Deſſins de Bataille & Enfans, par Parocel & autres.

601 Trois Bachanales & Sujet de Chaſſe, par la Rue.

602 Six autres Sujets de la Fable & d'Enfans, par le même.

603 Trois Payſages avec figures & animaux, par Mayer.

604 Dix Sujets divers, par différens Maîtres.

605 Cinq petits Payſages au lavis, par Mayer.

606 Deux Payſages avec figures & fabriques, par le même.

607 Quatre jolis Payſages coloriés, par un Maître Hollandois.

608 Trois Payſages deſſinés d'après nature, par Desfriches.

609 Quatre petits Deſſins de Cavaliers & autres, par Caſanove.

610 Dix-huit Deſſins, par différens Maîtres François & autres.

611 Dix Estampes à l'eau forte, par l'Espagnoles & Benedette.
612 Cinq Sujets & Têtes, par Pitteri, d'après Piazetta.
613 Quinze piéces, par Wagner & autres, d'après Zocchi, &c.
614 Vingt-deux Paysages divers, par Jampiccoli & wagner.
615 Dix-sept autres Sujets & Paysages, par wagner, d'après Zuccarelli, &c.
616 Vingt *idem*, d'après M. Ricci, &c.
617 La nuit du Correge, par Surugue, avec l'épreuve d'eau forte.
618 Semiramis, par Preisler, d'après le Guide, pour le volume de Dresde, & une Assomption, par Camerata.
619 Quatre piéces du même volume, dont la Chasteté de Joseph, par Camerata, l'Ascension, d'après Ricci, &c.
620 Le Paysage, par Aliamet, pour le même Vol. d'après Berghem.
621 La Vierge sur un piédestal avec S. Sebastien, & plusieurs autres Saints au bas, gravé par Snyers, N°. 61 du Cat. de Rubens, par Basan, & N. S. en Croix où la Magdeleine en embrasse le pied, par Neefs, aussi d'après Rubens, sup. épreuves.
622 Saint Ignace & Saint François Xavier

Ci contre ... 80[illegible] 15

611 Le Brun ... 4. 19
612 Bellmahy ... 9. 1
613 Lebrun ... 7. 4
614 Godefroi ... 5. 3
615 Mercier ... 9. 3
616 Bourbonnois ... 6.
617 Boré ... 17.
618 Basan ... 7. 12
619 Peiger ... 4. 3
620 Volé ... 10. 4
621 Basan ... 27.

622 Le Brun ... 38. 19

8169. 3.

ces deux grandes compositions d'après le même, sont gravées par Marinus.

623 Le Martyre de Saint Thomas, par Neefs, & la Rencontre de Jacob, par Baillu, aussi d'après Rubens, sup. épreuves.

624 Trois Christs, d'après le même, dont celui gravé par Soutman N°. 83 du Cat. de Rubens, celui N°. 84 & celui N°. 93 dudit Cat.

625 Le Christ mort, où on lit au bas *Christi funus*, gravé par P. Pontius, & Saint Just, par witdoeck, très-belles épreuves d'après le même.

626 Dix piéces d'après Rubens & Segers, par différens Graveurs, dont Lot & ses Filles, &c.

627 Trente-huit Estampes de Berghem, dont plusieurs gravées par lui-même.

628 Quatre grands Paysages imprimés en rouge, & gravés par Vivarès, d'après Patel & autres.

629 Dix-huit Marines diverses, gravées à Londres, par différens Graveurs.

630 Quinze Sujets & Paysages aussi gravés à Londres, par Byrne, &c.

631 Vingt Paysages & Ruines, par Vivarès & autres.

632 Vingt-neuf Sujets & Vues diverses d'après Troost & autres.

633 Quatre Têtes, par Rembrandt, anciennes épreuves.

634 Trois Paysages du même ; dont le Moulin, la Campagne du Peseur d'Or, &c.

635 Douze petits Sujets & Têtes, par le même, dont plusieurs rares.

636 Six petits Portraits, par de Marcenay, dont Henri IV, Turesne, &c.

637 Six Estampes par différens Maîtres, dont Franck, par Rembrandt, &c.

638 La Comtesse de Coventry, par watson, & une autre piéce en maniere noire.

639 Paisne l'Architecte, par watson, & un autre portrait, par Marc-Ardell.

640 Une Famille, d'après Rubens, par M. Ardell, & le portrait de H. Pelham, Chancelier d'Angleterre, par Houston.

641 Trois autres piéces en maniere noire, portraits de Femmes, par watson & autres.

642 Deux autres *idem*, dont les Enfans du Roi d'Angleterre, par watson.

643 Sept moyens Sujets & Portraits *idem*, par watson & autres.

644 Sept autres Portraits d'Hommes & Femmes *idem*.

645 Vingt-quatre Vignettes & autres Sujets, par Cochin, &c.

646 Quatre Sujets rares, par della-Bella, dont le Saint Prosper, le Cheval de la mort, Montjoye, &c. anciennes & belles épreuves.

647 Huit, par le même, dont les Vues de

Ci contre ... 8263. 7

634 Lebrun ... 10. 5

635 id ... 12. 18

636 Alibert ... 8. .

637 Lapierre ... 6. 19

638 Alibert ... 4. 19

639 Lattré ... 6. 13

640 id ... 6. .

641 } id ... 10. .
642 }

643 Basan ... 3. 17

644 Lattré ... 4. .

645 Dubois ... 6. .

646 Vallois ... 13. .

647 Sabre ... 4. 2

8360. 4

Report 8360

648 Basan 5.19
649 Lebrun 6.9
650 Mr 8
651 Mr 12
652 Le Brun 8
653 id 5.7
654 Basan 7
655 Mr 10.4
656 Basan 4.10
657 id 3
658 id 5.10
659 id 6.1
660 id 5.1
661 Dubois 5

8450.1

Livourne, &c.

648 Douze *idem*, Portraits & Payſages rares.

649 Trente-cinq *idem*, ſujets de Vierges & autres, gravés en Italie.

650 Trente-huit *idem*, Payſages & Livre de Tetes.

651 Cent trente *idem*, Griffonnemens, Caprices & Payſages.

652 Quarante-neuf *idem*, Marines, Cartouches, Ornemens groteſques, &c.

653 Seize *idem*, ſujets de la Mort & Negres à Cheval.

654 Dix-huit *idem*, ſcene de Tragédie de Mirame & autres piéces.

655 Quatre cens quatre-vingt-dix-ſept petites piéces, par Callot, Fêtes mobiles & Saints de toute l'année.

656 Quarante-huit autres petits Sujets & Payſages, par le même, dont la Vie de la Vierge, &c.

657 Trente-trois piéces *idem*, dont l'*Ecce Homo*, les Gueux, &c.

658 Trente-deux *idem*, Monnoyes, Marines, &c.

659 Les quinze piéces de Batailles de Medicis, par le même.

660 Treize piéces *idem*, dont les Maſſacres des Innocens, le Rocher, &c.

661 Douze Sujets divers, d'après Pouſſin & autres.

662 Dix-sept *idem*, d'après le Bourdon, Corneille & autres.

663 Douze pièces, gravées par Kilian, Basan & autres, d'après différens Peintres.

664 Seize, par Parizeau, M. de Saint Non, &c. gravées à l'eau forte.

665 Vingt-quatre Portraits divers, par Hollar & autres.

666 Seize autres Portraits, par Honbraken & autres.

667 Cinquante-trois Portraits d'Odievre pour servir à l'Histoire de Comines, & vingt-neuf autres Estampes, par différens Maîtres.

668 Dix-huit Estampes diverses, d'après Mignard, Chardin, &c.

Ouvrages Volumineux.

669 Le Crozat, en deux volumes *in-folio* reliés, contenant cent quatre-vingt-deux Estampes, d'après les plus grands Peintres Italiens.

670 Le Cabinet Daguilles *in-folio* relié, en cent dix-huit Estampes, gravées par Coelmans.

671 L'Œuvre de Cherubin Albert, d'après différens grands Peintres Italiens, composé de cent vingt-quatre pieces, contenues en un grand volume *in-folio* relié en veau très-bien conditionné.

Ci contre .... 8450-1.

662 Godefroi .... 4-14.

663 Lapierre .... 3. 4.

664 Godefroi .... 5. 1.

665 Dubois .... 6. 4.

666 ....

667 id .... 6. 1.

668 id 5. 15

669 Basan .... 150.

670 id ....

671 Basan .... 38.

8669

672 L'Œuvre de Bosse, composé de quatre cens soixante piéces diverses, reliées en un grand volume *in-folio* en parchemin vert, bonnes épreuves.

673 Un volume *in-folio*, contenant quatre-vingt-onze piéces, belles épreuves; sçavoir, la Vie de l'Empereur Charles V, d'après Tempeste, par de Gheyn & autres; les Empereurs Romains issus de la Maison d'Autriche, par Soutman & Suyderoef; les Comtes de Hollande & les Saints de Flandres, par Visscher.

674 Un volume *in-folio* relié, contenant les trois Pompes Funebres de Charles V, de l'Archiduc Albert & de Maurice de Nassau, Prince d'Orange, gravées par C. Galle, Henry, Goltz, &c. très-bien conditionné.

675 Un volume, contenant vingt-quatre des grandes piéces de Vandermeulen; dont l'entrée de Louis XIV dans Dunkerque, &c.

676 Un volume *in-folio* oblong en parchemin, contenant trente-un Estampes d'après Bandinelli & autres grands Maîtres anciens.

677 Un pareil volume, contenant trente-huit piéces, par P. Teste, Carrache & autres Maîtres Italiens.

678 Un pareil volume, contenant cinquante-six autres piéces, par différens bons Maîtres Italiens & autres.

679 La Colonne Trajane, gravée à l'eau forte, en un volume oblong.

680 Un volume oblong, contenant les Tableaux des plarfonds de l'Eglise de Saint Ignace à Anvers, peints par Rubens, & gravés par Punt, en trente-sept piéces y compris le titre.

681 Un volume *in-folio* relié, contenant cinquante-deux Estampes diverses, d'après différens Maîtres Italiens & autres.

682 Deux volumes reliés, contenant plus de mille piéces, par Callot, dont les Saints de l'année, la Vie de la Vierge, les Apôtres, la Tentation de S. Antoine, les Miseres de la Guerre, le Combat à la Barriere, Soliman, & autres piéces.

683 L'Œuvre de Lairesse, relié en un vol. *in-folio*, contenant cent vingt-cinq piéces.

684 Un volume *in-folio*, contenant les Eglises du Brabant, en soixante-treize Estampes.

685 Les Martyres, par Luyken, en cent quatre Estampes, reliés en un volume.

686 Un volume *in-folio* relié, contenant les Saints de Bavierre, en cent neuf Estampes, par Sadeler, anciennes épreuves.

687 Les Ruines d'Athènes & de Grèce, en vingt-huit Estampes, gravées par le Bas, reliés en un volume *in-folio*.

688 Un volume *in-folio* relié, contenant

	Ci contre	8828. 3
679	Bourbonnois	6. 16
680	Vrainger	15.
681	Dubois	4. 19
682	Basan	47. 19
683	id	72
684	id	23. 19
685	id	31. 19
686	id	10.
687	Lebrun	27.
688	Bourbonnois	7. 19
		9055. 14

cent vingt-six Sujets de Vierges différens d'après le Guide & autres grands Maîtres.

689 Un volume oblong, contenant cent quarante-deux Paysages de Sadeler, Nieuland & autres.

690 Un volume oblong, contenant cent vingt-deux piéces, Ruines de Rome, par Sadeler, & bas Reliefs de Perrier.

691 Une Bible *in-folio* relié, contenant cent vingt Estampes, gravées en Allemagne d'après différens Maîtres, belles épreuves.

692 Douze petits volumes *in-8°.* & *in-4°.* contenant divers Sujets, Paysages & Animaux.

693 Une brochure en parchemin, contenant soixante Vases & autres piéces d'Architecture, par le Pautre.

694 Un petit volume *in-4°.* oblong, contenant soixante piéces Historiques, par R. de Hooge, sur la fuite du Roi Jacques II, & son arrivée en France.

695 Recueil des ouvrages de Serrurerie, faites à Nancy, par Jean Lamour, grand *in-folio* broché, en vingt-huit planches.

696 Un Atlas, composé de cinquante-quatre Cartes, par le Rouge, *in-folio* broché.

697 Un autre Atlas, composé de cent cinquante-huit Cartes de Samson & Robert, reliés en un vol. *in-folio*.

698 Un vol. *in-folio* broché, contenant cinquante piéces d'Architecture, par Bibiene, Theâtres, Catafalques & autres Sujets.

699 Les Peintures du Salon Impérial, en vingt-sept morceaux, d'après différens Peintres.

700 Les huit premiers Ports de France, par le Bas & Cochin.

701 Mademoiselle Clairon, d'après Vanloo, épreuve avant la lettre.

702 Un porte-feuille d'Estampes gravées à la maniere du crayon, par Desmarteau & autres, d'après Boucher, &c.

703 Divers Estampes & Dessins encadrés, dont le Calme & la Tempête, par Balechou, d'après Vernet, premieres épreuves.

704 Un autre gros porte-feuille, contenant diverses Estampes de Vernet, Boucher, Greuze & autres Maîtres, qui sera partagé en plusieurs Lots.

Lu & approuvé, ce 15 Mars 1770. COCHIN.

Vu l'Approbation, permis d'imprimer, ce 17 Mars 1770. *DE SARTINE.*

Cy contre 9159.14

698 alibert . . . . 18.

699 id . . . . 16.4.

700 Basan . . . . 74.

701 de Mahi . . . . 24.

702 En 4. articles . . . . 41.13.

703 En 15. id 502.19

704. En 144. articles . . . . 1257.9.

Totaux 11093.19

www.ingramcontent.com/pod-product-compliance
Ingram Content Group UK Ltd.
Pitfield, Milton Keynes, MK11 3LW, UK
UKHW021659130726
13696UKWH00004B/1599

9 782014 459647